I0839908

EL LEGADO DE MIERDA QUE HA DEMOSTRADO EL SOCIALISMO EN EL SIGLO XX Y PARTE DEL XXI

QUE LAS GENERACIONES FUTURAS NO CAIGAN EN EL ABISMO DEL COMUNISMO PARA QUE NO ACABEN EXTINTO DE LA FAZ DE LA TIERRA.

SE EXPLICA MUY
CRUDAMENTE PARA QUE
TODOS ENTIENDAN QUE LA
EPIDEMIA DEL COMUNISMO
ES DEVASTADORA PARA
CUALQUIER NACIÓN.

HAMBRE

MISERIA

ESCLAVITUD

SUMISIÓN

SUJECIÓN

VASALLAJE

DEPENDENCIA

SOMETIMIENTO

Tiranía

OPRESIÓN

OPRESIÓN

AVIDEZ

ANSIAS DE SUEÑOS

DESEOS FRUSTRADOS

ANELOS

AFAN

DESDICHA

DESVENTURA

DESVENTURA

INFIDELIDAD POLÍTICA

MALAVENTURA

MALADANZA

INFORTUNIO

DESGRACIA

INDIGENCIA

DOMINACIÓN

DICTADURA

ABSOLUTISMO

AUTOCRASIA

AVASALLAMIENTO

FEUDALISMO

CAUDILLAJE

HEGEMONÍA

DESPOTISMO

DOMINACIÓN

INTOLERANCIA

SECTARISMO

INTRANSIGENCIA

TIRANÍA

REUNIONES

SIN

FUTURO

DISCURSOS VACIOS

NO PREOCUPACIÓN POR EL PUEBLO

EL PUEBLO
NO IMPORTA

EL DINERO ES DEL ESTADO

ROBOS DE SALARIO

VIVIR SI ESPERANZA

TENERTE OCUPADO MENTALMENTE EN LOS VIVIRES

CONTROLAR TUS OPINIONES

NO HAY LIBERTAD DE EXPRESIÓN

NO HAY LIBERTAD RELIGIOSA

NO HAY LIBERTAD DE NADA

VIAS PÚBLICAS DESTRUIDAS

INFLACIÓN

INCREMENTO DE PRESOS POLÍTICOS

INJUSTICIA LABORAL

SINDICATOS LACAYOS DEFENSORES DEL GOBIERNO CORRUPTO

TODOS LOS MIEMBROS DEL GOBIERNO SON UNOS HIJOS DE PUTA

CONTROLADOR DE REDES SOCIALES

GOBIERNO ADULADOR DE LAS POTENCIAS ECONÓMICAS MUNDIALES

MINISTROS CORRUPTOS

CONTROL TOTAL DE SU PERSONA

EL GOBIERNO SON FAMILIAS QUE CONTROLAN LA MONEDA DURA QUE ENTRA AL PAÍS

EL PPRESIDENTE ES UNA FIGURA DECORATIVA, LOS VERDADEROS ESTAN EN LA SOMBRA SOCIALISTA

NO PUEDES TENER MUCHO DINERO, PUEDES SER INVESTIGADO Y DECOMISARTELO POR ELMOTIVO QUE QUIERAN.

FIN DE AÑO EN ABSOLUTA POBREZA

NECESIDAD

ESCASEZ

INSOLVENCIA ECONÓMICA

PENURIA

IMPLACABLE CON EL PUEBLO

CRUELDAD CON EL PUEBLO

DESPIADADO CON EL PUEBLO

INHUMANO CON EL PUEBLO

CRUELES CON EL PUEBLO

DESALMADOS CON EL PUEBLO

BRUTALES CON EL PUEBLO

EL GOBIERNO ES DUEÑO DE TODOS LOS RECURSOS DEL PAÍS

PERSECUSIÓN A LOS QUE POSEE DIFERENCIAS POLÍTICAS

HAY QUE QUE MORIRSE POR ELLOS

EL EJÉRCITO ESTA PARA PROTEGER AL ESTADO SOCIALISTA NO AL PUEBLO

LA POLICÍA ESTA PARA VELAR POR LOS INTERESES DEL ESTADO SOCIALISTA NO AL PUEBLO

LOS DIRIGENTES Y DIPUTADOS SON ADULADORES PARA VIVIR DE ALGO QUE NO EXISTE

MENTIRAS POLÍTICAS

MENTIRAS EN LOS DISCURSOS DE CARCTER INTERNACIONAL

MEDIOS DE COMUNICACIÓN CONTROLADOS PARA LOS INTERESES DEL ESTADO.

SI ALGUIEN ESTA EN CONTRA DEL GOBIERNO ESTAS CONDENADO.

TRÁFICO DE PERSONAS PARA BENEFICIO ECONÓMICO DEL ESTADO SOCIALISTA BAJO EL CARTEL DE INTERNAIONALISMO PROLETARIO.

VIVIR
AMARGADO

EL ESTADO SOCIALISTA CREA UN ENEMIGO QUE NO EXISTE

ESTAS
ESPERANDO
UNA GUERRA
INMINENTE
QUE NO
EXISTE

ESTAS EN UN LETARGO ECONÓMICO PERMANENTE

EL GOBIERNO SOCIALISTA EXPERIMENTA ALTERNATIVAS DE SUBSISTENCIA SACRIFICANDO AL PUEBLO

CULTURA MANIPULADA

LOS GRANDES NEGOCIOS SON DE LOS FAMILIARES DE LOS GOBERNANTES SOCIALISTAS

EL GOBIERNO SOCIALISTA DA RESPUESTAS ESTÚPIDAS A LOS MEDIOS SOCIALES DE COMUNICACIÓN

ES UN CICLO DE EXPERIMENTOS SOCIALES, NADA FUNCIONA SOCIALMENTE

EL TURISMO ES CONTROLADO

APOYA EL TERRORISMO

SE BURLA DE LAS DESGRACIAS DE LOS SUPUESTOS ENEMIGOS POLITICOS

EL
PRESIDENTE
ES VITALICIO

GENERALES DEL EJÉRCITO PERMANENTES EN EL CARGO HASTA QUE MUERAN

EMPRESAS NO RENTABLES

PERDIDAS ECONOMICAS SIN RESPALDO LÓGICO

EL PUEBLO ES LA ÚLTIMA PREOCUPACIÓN EN SU AGENDA

ESTADO FALLIDO

ODIA EL CAPITALISMO PERO SE BENEFICIA DE ÉL.

NO ES SOCIALISMO ES COJONISMO

CONTROL DE LO QUE COMES O DEJAS DE COMER

LOS NEGOCIOS
SUPUESTAMEN
TE
PARTICULARES
NO LO SON,
ELLOS
CONTROLAN

OBSTINADOS HASTA MORIR UN PUEBLO

CREAN UNA IMAGEN INTERNACIONAL QUE NO EXISTE

ALTOS IMPUESTOS

FALTA DE INNCENTIVOS

SE DIRIGE A UN ENEMIGO PÚBLICO QUE NO EXISTE

CUNA DE ADULADORES Y DICTADORES POLÍTICOS

REDUCE LA EFICIENCIA

GENERA INEFICIENCIA Y REDUCE LA PRODUCTIVIDAD

EL SOCIALISMO CONLLEVA A LA BANCARROTA

TRABAJA SOBRE UNA GUERRA PSICOLÓGICA QUE NO EXISTE

EN DOCUMENTACIÓN TODO ESTA PERFECTO, EN LA REALIDAD UN DESASTRE

DEUDAS
MILLONARIAS ANTE
EMPRESAS
INTERNACIONALES
Y
CONSTANTEMENTE
SON
CUESTIONADOS Y
ENJUICIADOS.

NADIE LE OFRECE CRÉDITO A EMPRESAS BAJO EL RÉGIMEN SOCIALISTA

OPRIMIR AL PUEBLO

EXPRIMIR AL PUEBLO

EL SOCIALISMO CAMBIA LA CONSTITUCIÓN DEL PAÍS A SU CONVENIENCIA, SIEMPRE QUE SEA INTERÉS Y BENEFICIOS PARA EL GOBIERNO

EL SOCIALISMO
TIENE RAICES
FACISTAS.

TENIAN UN
PARTIDO
NACIONAL
SOCIALISTA

PROLIFERA LA DELINCUENCIA

EL SICIALISMO ES PERTURBADOR

EL SOCIALISMO DESECHA A SUS FIELES DESPUES DEL RETIRO.

EL SOCIALISMO CONVIERTE A UNA POBLACIÓN FUERTE Y SANA A UNA POBLACIÓN POBRE Y ENVEJECIDA

EL SOCIALISMO COMO SISTEMA PARÁSITO, SE CONSTRUYE SOBRE LA NACIONALIZACIÓN DE EMPRESAS CAPITALISTAS MUY RENTABLES, TIERRAS PRIVADAS, FÁBRICAS Y GRANDES ALMACENES...PERO CUANDO PASA EL TIEMPO TODO LO ADQUIRIDO ESTA EN QUIEBRA, RUINAS Y DEUDAS.

NO SE DEJE ENGAÑAR

EL SOCIALISMO O COMUNISMO ES UN:

SISTEMA ESTAFA

SISTEMA PARÁSITO

SISTEMA VIVIDOR

SISTEMA CORRUPTO

Y UN SISTEMA QUE LLEVA UN SEUDONIMO BIEN MERECIDO:

UNOS HIJOS DE LA
GRAN PUTA.

SI NO ENTENDIÓ BIEN
A PARTIR DE AQUÍ
VUELVO A REPETIR
LOS MISMO....

PERO LEA LAS NOTAS
FINALES, NO DEJE DE
LEERLAS.

HAMBRE

MISERIA

ESCLAVITUD

SUMISION

SUJECIÓN

VASALLAJE

DEPENDENCIA

SOMETIMIENTO

DOMINIO

OPRESION

OPRESIÓN

AVIDEZ

ANSIAS DE SUEÑOS

DESEOS FRUSTRADOS

ANELOS

AFAN

DESDICHA

DESVENTURA

REVÉS

INFIDELIDAD POLÍTICA

MALAVENTURA

MALADANZA

INFORTUNIO

DESGRACIA

INDIGENCIA

DOMINACIÓN

DICTADURA

ABSOLUTISMO

AUTOCRASIA

AVASALLAMIENTO

FEUDALISMO

CAUDILLAJE

HEGEMONÍA

DESPOTISMO

DOMINACIÓN

INTOLERANCIA

SECTARISMO

INTRANSIGENCIA

TIRANÍA

REUNIONES

SIN

FUTURO

DISCURSOS VACIOS

NO PREOCUPACIÓN POR EL PUEBLO

EL PUEBLO
NO IMPORTA

EL DINERO ES DEL ESTADO

ROBOS DE
SALARIO

VIVIR SI ESPERANZA

TENERTE OCUPADO MENTALMENTE EN LOS VIVIRES

CONTROLAR
TUS
OPINIONES

NO HAY LIBERTAD DE EXPRESIÓN

NO HAY LIBERTAD RELIGIOSA

NO HAY LIBERTAD DE NADA

VIAS PÚBLICAS DESTRUIDAS

INFLACIÓN

INCREMENTO DE PRESOS POLÍTICOS

INJUSTICIA LABORAL

SINDICATOS LACAYOS DEFENSORES DEL GOBIERNO CORRUPTO

TODOS LOS MIEMBROS DEL GOBIERNO SON UNOS HIJOS DE PUTA

CONTROLADOR DE REDES SOCIALES

GOBIERNO ADULADOR DE LAS POTENCIAS ECONÓMICAS MUNDIALES

MINISTROS CORRUPTOS

CONTROL TOTAL DE SU PERSONA

EL GOBIERNO SON FAMILIAS QUE CONTROLAN LA MONEDA DURA QUE ENTRA AL PAÍS

EL PPRESIDENTE ES UNA FIGURA DECORATIVA, LOS VERDADEROS ESTAN EN LA SOMBRA SOCIALISTA

NO PUEDES TENER MUCHO DINERO, PUEDES SER INVESTIGADO Y DECOMISARTELO POR ELMOTIVO QUE QUIERAN.

FIN DE AÑO EN ABSOLUTA POBREZA

NECESIDAD

ESCASEZ

INSOLVENCIA ECONÓMICA

PENURIA

IMPLACABLE CON EL PUEBLO

CRUELDAD CON EL PUEBLO

DESPIADADO CON EL PUEBLO

INHUMANO CON EL PUEBLO

CRUELES CON EL PUEBLO

DESALMADOS CON EL PUEBLO

BRUTALES CON EL PUEBLO

EL GOBIERNO ES DUEÑO DE TODOS LOS RECURSOS DEL PAÍS

PERSECUSIÓN A LOS QUE POSEE DIFERENCIAS POLÍTICAS

HAY QUE MORIRSE POR ELLOS

EL EJÉRCITO ESTA PARA PROTEGER AL ESTADO SOCIALISTA NO AL PUEBLO

LA POLICÍA ESTA PARA VELAR POR LOS INTERESES DEL ESTADO SOCIALISTA NO AL PUEBLO

LOS DIRIGENTES Y DIPUTADOS SON ADULADORES PARA VIVIR DE ALGO QUE NO EXISTE

MENTIRAS POLÍTICAS

MENTIRAS EN LOS DISCURSOS DE CARCTER INTERNACIONAL

MEDIOS DE COMUNICACIÓN CONTROLADOS PARA LOS INTERESES DEL ESTADO.

SI ALGUIEN ESTA EN CONTRA DEL GOBIERNO ESTAS CONDENADO.

TRÁFICO DE PERSONAS PARA BENEFICIO ECONÓMICO DEL ESTADO SOCIALISTA BAJO EL CARTEL DE INTERNAIONALISMO PROLETARIO.

VIVIR
AMARGADO

EL ESTADO SOCIALISTA CREA UN ENEMIGO QUE NO EXISTE

ESTAS ESPERANDO UNA GUERRA INMINENTE QUE NO EXISTE

ESTAS EN UN LETARGO ECONÓMICO PERMANENTE

EL GOBIERNO SOCIALISTA EXPERIMENTA ALTERNATIVAS DE SUBSISTENCIA SACRIFICANDO AL PUEBLO

CULTURA
MANIPULADA

LOS GRANDES NEGOCIOS SON DE LOS FAMILIARES DE LOS GOBERNANTES SOCIALISTAS

EL GOBIERNO SOCIALISTA DA RESPUESTAS ESTÚPIDAS A LOS MEDIOS SOCIALES DE COMUNICACIÓN

ES UN CICLO DE EXPERIMENTOS SOCIALES, NADA FUNCIONA SOCIALMENTE

EL TURISMO ES CONTROLADO

APOYA EL TERRORISMO

SE BURLA DE LAS DESGRACIAS DE LOS SUPUESTOS ENEMIGOS POLITICOS

EL PRESIDENTE ES VITALICIO

GENERALES DEL EJÉRCITO PERMANENTES EN EL CARGO HASTA QUE MUERAN

EMPRESAS NO RENTABLES

PERDIDAS ECONOMICAS SIN RESPALDO LÓGICO

EL PUEBLO ES LA ÚLTIMA PREOCUPACIÓN EN SU AGENDA

ESTADO
FALLIDO

ODIA EL CAPITALISMO PERO SE BENEFICIA DE ÉL.

NO ES
SOCIALISMO
ES
COJONISMO

CONTROL DE LO QUE COMES O DEJAS DE COMER

LOS NEGOCIOS
SUPUESTAMEN
TE
PARTICULARES
NO LO SON,
ELLOS
CONTROLAN

OBSTINADOS HASTA MORIR UN PUEBLO

CREAN UNA IMAGEN INTERNACIONAL QUE NO EXISTE

ALTOS IMPUESTOS

FALTA DE INNCENTIVOS

SE DIRIGE A

UN ENEMIGO

PÚBLICO QUE

NO EXISTE

CUNA DE ADULADORES Y DICTADORES POLÍTICOS

REDUCE LA EFICIENCIA

GENERA INEFICIENCIA Y REDUCE LA PRODUCTIVIDAD

EL SOCIALISMO CONLLEVA A LA BANCARROTA

TRABAJA SOBRE UNA GUERRA PSICOLÓGICA QUE NO EXISTE

EN DOCUMENTACIÓN TODO ESTA PERFECTO, EN LA REALIDAD UN DESASTRE

DEUDAS MILLONARIAS ANTE EMPRESAS INTERNACIONALES Y CONSTANTEMENTE SON CUESTIONADOS Y ENJUICIADOS.

NADIE LE OFRECE CRÉDITO A EMPRESAS BAJO EL RÉGIMEN SOCIALISTA

OPRIMIR AL PUEBLO

EXPRIMIR AL PUEBLO

EL SOCIALISMO CAMBIA LA CONSTITUCIÓN DEL PAÍS A SU CONVENIENCIA, SIEMPRE QUE SEA INTERÉS Y BENEFICIOS PARA EL GOBIERNO

EL SOCIALISMO TIENE RAICES FACISTAS.

TENIAN UN PARTIDO NACIONAL SOCIALISTA

PROLIFERA LA DELINCUENCIA

EL SICIALISMO ES PERTURBADOR

EL SOCIALISMO DESECHA A SUS FIELES DESPUES DEL RETIRO.

EL SOCIALISMO CONVIERTE A UNA POBLACIÓN FUERTE Y SANA EN UNA POBLACIÓN POBRE Y ENVEJECIDA

EL SOCIALISMO COMO SISTEMA PARÁSITO, SE CONSTRUYE SOBRE LA NACIONALIZACIÓN DE EMPRESAS CAPITALISTAS MUY RENTABLES, TIERRAS PRIVADAS, FÁBRICAS Y GRANDES ALMACENES...PERO CUANDO PASA EL TIEMPO TODO LO ADQUIRIDO ESTA EN QUIEBRA, RUINAS Y DEUDAS.

NO SE DEJE ENGAÑAR

EL SOCIALISMO O COMUNISMO ES UN:

SISTEMA ESTAFA

SISTEMA PARÁSITO

SISTEMA VIVIDOR

SISTEMA CORRUPTO

Y UN SISTEMA QUE LLEVA UN SEUDONIMO BIEN MERECIDO:

UNOS HIJOS DE LA
GRAN PUTA.
ESPERO LO HAYA
ENTENDIDO AMIGO
LECTOR, DIFUNDA ESTE
LIBRO PARA QUE NADIE
SE DEJE HIPNOTIZAR
POR LAS LUCES
SOCIALISTAS QUE NO
SON MAS QUE SOMBRAS
VAMPIREZCAS.

¡ABAJO LA DICTADURA
DEL GOBIERNO DE CUBA!!!

¡ABAJO LA DICTADURA DE
MADURO EN VENEZUELA!!!

¡ABAJO LA DICTADURA DE
NICARAGUA!!!

¡ABAJO EL COMUNISMO!

¡ABAJO EL SOCIALISMO!

¡ABAJO LA DICCTADURA COMUNISTA!

¡DESINFESTEN AMERICA LATINA DEL COMUNISMO YA!

www.ingramcontent.com/pod-product-compliance
Lightning Source LLC
Chambersburg PA
CBHW051248250726
48656CB00004B/1192